KINGDOM BUILDERS

COMO IR **CON TODO** EN LA VIDA
Y CONVERTIR LA VISIÓN EN REALIDAD

GUÍA DE LANZAMIENTO
Andrew Denton

Guía de Lanzamiento de Kingdom Builders
Copyright © 2021 de Andrew Denton

Todos los derechos reservados. Ninguna parte de esta publicación puede ser reproducida o transmitida en ningún tipo de formato, sea electrónico o mecánico, incluyendo fotocopiar, grabar o usar cualquier forma de almacenamiento de información y sistema de recuperación, sin el permiso previo por escrito del autor.

Basado en, e incluye extractos de, *Kingdom Builders: Cómo ir CON TODO en la vida y convertir la visión en realidad* por Andrew Denton. Copyright © 2020 por Andrew Denton. Usado con permiso.

Las citas bíblicas marcadas con MSG están tomadas de THE MESSAGE, copyright © 1993, 2002, 2018 de Eugene H. Peterson. Usado con permiso de NavPress. Reservados todos los derechos. Representado por Tyndale House Publishers, Inc.

Las citas bíblicas marcadas como NVI están tomadas de LA SANTA BIBLIA, NUEVA VERSIÓN INTERNACIONAL®, NIV® Copyright © 1973, 1978, 1984, 2011 por Biblica, Inc.® Usado con permiso. Todos los derechos reservados en todo el mundo.

Primera impresión 2021
Catalogación - en - Publicación datos disponibles

ISBN 978-1-922411-36-5 (versión impresa)
ISBN 978-1-922411-37-2 (ebook)

Portada & diseño interior: Felix Molonfalean
Fotografía portada: Tony Irving
Editor: Celina Mina
Traducción: Monolit Books

*Al que puede hacer muchísimo más
que todo lo que podamos imaginarnos o pedir,
por el poder que obra eficazmente en nosotros*

Efesios 3:20

CONTENIDOS

Una carta de Andrew Denton	9
Cómo utilizar este Pack de Lanzamiento	11
Sesión de introducción: para pastores y líderes de la iglesia	
Cómo lanzar Kingdom Builders en su iglesia local	13
Sesión 1: Exactamente la Misma Fe	
Una invitación a una vida "con todo"	27
Sesión 2: Los Principios	
Forjando un fundamento bíblico	37
Sesión 3: Los Socios	
Estableciendo relaciones intencionales	51
Sesión 4: La Práctica	
Construyendo resiliencia y perseverancia	59
Sobre el Autor	71

UNA CARTA DE

ANDREW DENTON

¡Estoy tan emocionado de que haya elegido ser parte del lanzamiento de Kingdom Builders en su iglesia local!

Si nunca me ha conocido o escuchado hablar antes, soy propietario de un negocio de desarrollo de propiedades y anciano de la Iglesia Hillsong, con sede en Sydney, Australia. Mi hermosa esposa, Susan, y yo recientemente celebramos 36 años de matrimonio. Tenemos tres hijos adultos que también están casados y tres nietos.

Hasta que la pandemia de COVID-19 nos golpeó a todos en 2020, viajé por el mundo hablando en las iglesias sobre la recaudación de fondos para el Reino de Dios. Obviamente, como resultado de los bloqueos y las restricciones de viaje, ¡todo esto cambió! Sin embargo, Dios usó esto para bien: comencé a pensar en oración en formas escalables de compartir el mensaje de Kingdom

Builders que me darían la capacidad de llegar a muchas más personas de las que podría hacer en mi vida.

El resultado fue mi primer libro, *Kingdom Builders: Cómo ir "CON TODO" en la vida y convertir la visión en realidad*. Cuando se publicó el libro, muchos pastores y líderes de iglesias se acercaron a mí y me preguntaron cómo lanzar de manera práctica Kingdom Builders en su propia iglesia. Además, muchas personas de diferentes iglesias me dijeron que, como resultado de leer mi libro, realmente se sentían llamados a ser Kingdom Builders, pero fueron plantados en una iglesia sin un ministerio de Kingdom Builders.

Esto hizo que mi equipo y yo creáramos el Pack de Lanzamiento de Kingdom Builders.

Mientras ve los videos de enseñanza, completa los componentes del libro de trabajo y participa activamente en las discusiones con su grupo, es mi oración que obtenga la sabiduría y las herramientas prácticas necesarias para vivir la vida de un Kingdom Builder y ser testigo de la visión de su iglesia local convertida en realidad.

CÓMO UTILIZAR

ESTE PACK DE LANZAMIENTO

El Pack de Lanzamiento de Kingdom Builders incluye:

- La Guía de Lanzamiento
- La Guía de Estudio
- Vídeos didácticos que acompañan a cada sesión

La Guía de Lanzamiento es específicamente para pastores y líderes de iglesias. Lo alentamos a completar las sesiones de esta guía juntos como un equipo de liderazgo. Puede trabajar a su propio ritmo en función de un marco de tiempo que se adapte mejor a su equipo. Puede decidir completar una sesión por semana durante cinco semanas, o pasar por todas las sesiones como parte de un día de planificación intensiva o retiro de liderazgo.

La Guía de Lanzamiento contiene una sesión introductoria adicional y un video de enseñanza que lo acompaña, cuyo objetivo es desglosar los pasos prácticos involucrados en el lanzamiento de Kingdom Builders en su iglesia local. Después de completar la introducción, continuará y completará las sesiones 1-4 como equipo de liderazgo. Una vez que haya completado todas las sesiones, podrá facilitar las sesiones 1-4 con aquellos de su congregación que se identifiquen a sí mismos como Kingdom Builders. Una vez más, el marco de tiempo y la configuración depende de cada iglesia para decidir y planificar. Los participantes deberán consultar el libro original, Kingdom Builders: Cómo ir "CON TODO" en la vida y convertir la visión en realidad, y tener una copia o acceso a la declaración de visión de la iglesia.

La Guía de Estudio es específicamente para miembros de la congregación de la iglesia. Cada sesión comienza con un video didáctico de Andrew Denton. Las notas didácticas de cada video cuentan con espacio para que los participantes tomen sus propias notas. Después de la enseñanza, se invita a los participantes a completar las preguntas de la aplicación. Se proporciona una sección de Notas personales para que los participantes escriban cualquier reflexión e idea adicional. Para concluir, se anima a los participantes a discutir algunas de sus respuestas en parejas o en pequeños grupos.

Después de la primera sesión, recomendamos establecer un tiempo al comienzo de la segunda sesión para que los participantes compartan más reflexiones que hayan tenido entre sesiones. Este tiempo para compartir también puede tener lugar al inicio de las sesiones 3 y 4.

SESIÓN DE INTRODUCCIÓN:

PARA PASTORES Y LÍDERES DE LA IGLESIA

Cómo lanzar Kingdom Builders en su iglesia local

Notas de Aprendizaje:

Mientras mira el video didáctico de esta sesión, use el siguiente esquema para anotar cualquier cosa que le llame la atención:

El papel de los "Reyes" y los "Sacerdotes" en la iglesia.

....

....

....

Los pastores marcan la visión, pero los Kingdom Builders marcan el ritmo.

Se trata de un sacrificio igual, no de una donación igual.

Cada iglesia debe tener una visión que se comunique claramente a toda la congregación.

Los Kingdom Builders de nuestra propia iglesia han hecho importantes sacrificios personales para que la visión y misión de nuestra iglesia pueda dar pasos agigantados y no sé dónde estaríamos sin ellos. Se estiran y se extienden a si mismos. Creen que sus vidas pueden desempeñar un papel importante en la edificación de lo que Dios mismo dice que está edificando: Su Iglesia. El fruto de las salvaciones semanales que vemos en la Iglesia Hillsong es también su fruto, nacido de un corazón para hacer de Hillsong, su lugar de siembra, un HOGAR para otros.

Creo que todo pastor necesita un grupo central de hombres y mujeres como este. Gente que ama la Casa de Dios. Personas que están comprometidas a apoyarse en la visión de su siembra, a confiar y apoyar el liderazgo, y a la mayordomía divina de lo que se les ha dado.

El Cuerpo de Cristo está lleno de hombres y mujeres innovadores que marcan la diferencia y reconocen que los Kingdom Builders son edificadores de iglesias; reconocen que sus vidas son más que ellos mismos; son hombres y mujeres que tienen una revelación del PROPÓSITO y la CAUSA por la que viven.

— **Extracto del Prólogo de Brian Houston**
Kingdom Builders: Cómo ir "con todo" en la vida y convertir la visión en realidad

LISTA DE COMPROBACIÓN

☐ ¿Tiene el pastor una visión clara de la iglesia?

☐ ¿Ha identificado a un Kingdom Builder para compartir su testimonio?

☐ ¿Ha fijado una fecha para el lanzamiento a toda su iglesia?

☐ ¿Ha promovido adecuadamente el evento a su congregación?

☐ ¿Ha creado formularios de solicitud de Kingdom Builder para que las personas escriban sus compromisos? Estos pueden imprimirse y/o estar disponibles en línea. El formulario de solicitud debe contener los siguientes campos:

> *• Nombre y Apellidos*
> *• Correo electrónico/número de teléfono*
> *• Nombre comercial y número de identificación comercial (si está dando a través de su negocio)*
> *• Cantidad del compromiso (lo que planean dar ese año por encima de sus diezmos habituales)*
> *• Nombre de su líder de grupo de conexión / líder de equipo / pastor de servicio, etc. (estas personas pueden ser contactadas si hay alguna inquietud de cuidado pastoral sobre el solicitante)*

- ☐ ¿Ha calculado la cantidad mínima que puedes dar para ser un Kingdom Builder? Esta cantidad diferirá según la economía y el contexto de su ubicación.

- ☐ ¿Ha proporcionado los diferentes métodos y datos bancarios necesarios para que los Kingdom Builders transfieran sus donaciones?

- ☐ ¿Ha reservado espacios de tiempo de 30 minutos para conversaciones individuales?

- ☐ ¿Tiene un inventario adecuado del libro, Kingdom Builders: Cómo ir "con todo" en la vida y convertir la visión en realidad para dársela a aquellos que se identifican a sí mismos como Kingdom Builders?

- ☐ ¿Ha planificado y programado las sesiones 1-4 de la Guía de estudio de Kingdom Builders?

- ☐ ¿Ha programado otros eventos de Kingdom Builders en el calendario de la iglesia para honrar e invertir en Kingdom Builders?

PREGUNTAS UNO A UNO:

• ¿Qué fue lo que más le impactó de la presentación de Kingdom Builders?

• ¿Lee la Biblia todos los días con expectación?

• ¿Ora a diario con su cónyuge?

• Si es soltero, ¿tiene otras dos personas piadosas con las que orar a diario?

• ¿Tiene metas y sueños escritos para su vida?

• ¿Está en la misma página espiritualmente con su cónyuge/prometido? (Si está casado/comprometido)

• ¿Qué le está impidiendo ir "con todo" con Dios?

• ¿Está viviendo una vida temerosa o fiel? ¿Por qué?

• ¿Qué está creyendo en Dios como resultado de esta simple invitación?

UNA CARTA ABIERTA

A LOS PASTORES DEL MUNDO

Querido Pastor,

Su iglesia está esperando que usted haga la búsqueda de almas, entregadas y transformadoras al que ha sido llamado.

Están ansiosos por respaldar su visión a la altura de Dios para hacer avanzar el Reino más allá de lo que incluso usted puede pedir, piensa o imagina.

Un grupo está esperando desesperadamente y orando por la oportunidad de ser estirado, desafiado, movilizado y llamado a dar, ir, orar y liderar.

Sí. Sus ojos están fijados en usted. Están mirando para ver si es quien dice ser. Y que hará lo que Dios le ha llamado a hacer. Quieren saber si es real. Quieren ver qué hará primero. Si usted...

Servirá el primero.

Dará el primero.

Soñará el primero.

Orará el primero.

Irá el primero.

Y realmente creen y quieren ir "con todo". Realmente lo creen.

Pero están esperando.

Sí. Están esperando ser desafiados por una visión a la altura de Dios que los llama a dar lo mejor en quiénes son y lo que creen que es posible. Están esperando ser llamados a la vida al límite. Una vida del Reino.

La vida sobre la que han leído en las Escrituras.

La vida sobre la que predica semana tras semana.

La vida abundante que Dios promete una y otra vez en las Escrituras.

Pero necesitan que pinte un cuadro de adónde Dios está llamando a su iglesia.

Cómo se ve realmente su visión para ellos como una comunidad de creyentes dispuestos a ir "con todo". La gran-enorme-audaz-visión que le asusta.

Ya sabe. Aquella de quien entregó su vida y su llamado a ser parte. Esa visión a la altura de Dios que está más allá de sus sueños y aspiraciones más salvajes. la que requiere que Dios se muestre y se glorifique. La visión que ha tenido demasiado miedo para hablar en voz alta.

Que juegue pequeño no le hace ningún bien a nadie. Especialmente a la familia de su iglesia. Su incapacidad para soñar en grande hace que ellos también jueguen en pequeño. Están andando de puntillas por la verdad, porque usted lo está haciendo.

No deje que su ego se interponga en su camino.

No deje que su falta de fe le paralice.

No deje que nada grande o pequeño le detenga.

Haga lo que sea necesario para escuchar a Dios. Soñar con él. Para ver el potencial que Él ve. Para capturar los corazones de las personas que Él ha confiado a su cuidado.

No retroceda.

No juegue en pequeño.

No pierda otro Domingo. Otro sermón. Otro momento.

Póngase de rodillas. Abra su corazón. Y pida lo imposible

Luego comparta lo que Dios le dice a su gente. Convierta esa visión en realidad. Llame a los mejores de ellos e invítelos a unirse a usted para hacer realidad ese sueño a la altura de Dios.

Su gente está esperando.

Dios esta esperando.

Y, en el fondo, usted estás esperando.

Ahora es el momento.

Deje de procrastinar y empiece a creer.

Ha sido llamado a mucho más. Para construir el Reino. Y para levantar Kingdom Builders.

Sinceramente,

Andrew y Susan Denton

— Extracto de *Kingdom Builders: Cómo ir "con todo" en la vida y convertir la visión en realidad*

APLICACIÓN:

1. Revise las notas que anotó mientras veía el video didáctico de esta sesión. Comparta una cosa que le llamó la atención más con su grupo.

2. Como equipo de liderazgo, lea detenidamente la visión de su iglesia y analice la eficacia con la que se comunica actualmente a su congregación.

3. Use la lista de comprobación y las preguntas individuales proporcionadas para las reuniones de 30 minutos para planificar cómo su iglesia lanzará Kingdom Builders en sus servicios dominicales.

Notas personales:

Notas personales:

Notas personales:

SESIÓN 1:

———

EXACTAMENTE LA MISMA FE

Una invitación a una vida "con todo"

Notas de aprendizaje:

Mientras mira el video didáctico de esta sesión, use el siguiente esquema para registrar cualquier cosa que le llame la atención:

Hay una diferencia entre "IR" e "ir CON TODO".

....

....

....

"Pero busca PRIMERO su Reino y su justicia, y todas estas cosas también te serán dadas". Mateo 6:33 NVI (énfasis agregado).

Todos quieren el TODO; no todo el mundo quiere ENTREGARSE TODO a Dios.

"Dios puede hacer cualquier cosa, ya sabes, ¡mucho más de lo que puedas imaginar, adivinar o pedir en tus sueños más locos!" Efesios 3:20 MSG

Temor vs. Fe

Dando pasos de fe.

APLICACIÓN:

1. Revise las notas que tomó mientras veía el video didáctico de esta sesión. Comparta la cosa que más le llamó la atención con su grupo.

2. Reflexione sobre su vida hasta ahora. Haga listas de hitos y eventos importantes, la educación y las calificaciones que ha recibido y/o está completando actualmente, y los diferentes trabajos y trayectorias profesionales que ha tenido y/o está actualmente. ¿Qué patrones surgen al leer estas listas? ¿Cómo ha estado Dios obrando en su vida usando todas estas cosas juntas para bien?

3. Escriba todos sus talentos y habilidades (no solo aquellos relacionados con su capacitación formal y empleo), sus pasiones y cualquier forma en que actualmente sirva en su iglesia local.

_____

_____

_____

_____

_____

_____

_____

4. Lea la declaración de la visión de su iglesia. ¿Qué partes le inspiran y causan emoción?

_____

_____

_____

5. Concluya sus notas personales escribiendo una Declaración de fe a Dios en forma de oración. En sus propias palabras, exprese su deseo de vivir una vida de ir "con todo" y pida sabiduría, fuerza y valor para entregar todas las cosas a Dios y dar pasos de fe.

6. ¿Cuál es el próximo paso de fe que va a dar en relación con el cumplimiento de su propósito como Kingdom Builder?

Notas personales:

Notas personales:

Notas personales:

SESIÓN 2:

LOS PRINCIPIOS

Forjando un fundamento bíblico

Notas de aprendizaje:

Mientras mira el video didáctico de esta sesión, use el siguiente esquema para registrar cualquier cosa que le llame la atención:

Principio 1: Diezmo

....

....

....

No damos nuestro diezmo; traemos nuestro diezmo.

"Traigan íntegro el diezmo para los fondos del templo, y así habrá alimento en mi casa. Pruébenme en esto —dice el Señor Todopoderoso—, y vean si no abro las compuertas del cielo y derramo sobre ustedes bendición hasta que sobreabunde." Malaquías 3:10 NVI

Principio 2: Mayordomía

La parábola de los talentos (Mateo 25: 14-30)

Fe se deletrea R-I-E-S-G-O

Principio 3: Sembrar y Cosechar

"No se engañen: de Dios nadie se burla. Cada uno cosecha lo que siembra. El que siembra para agradar a su naturaleza pecaminosa, de esa misma naturaleza cosechará destrucción; el que siembra para agradar al Espíritu, del Espíritu cosechará vida eterna." Gálatas 6:7-8 NVI

Declaración de misión empresarial.

Principio 4: Obediencia

La historia del joven rico (Marcos 10)

Principio 5: Generosidad

El dinero magnifica quién eres en realidad.

"Unos dan a manos llenas, y reciben más de lo que dan; otros ni sus deudas pagan, y acaban en la miseriar."
Proverbios 11:24 NVI

Si Dios puede conseguirlo A TRAVÉS de usted, Él se lo conseguirá.

APLICACIÓN:

1. Revise las notas que anotó mientras veía el video didáctico de esta sesión. Comparta la cosa que más le llamó la atención con su grupo.

2. ¿Cuál es su opinión actual sobre el diezmo? ¿Qué ha dado forma a su opinión sobre el diezmo? ¿Cómo se compara su punto de vista con los pasajes bíblicos y la enseñanza que se compartieron en esta sesión?

....

....

....

....

....

....

3. De los cinco principios, ¿cuáles está aplicando activamente en su propia vida? ¿Hay alguno que necesite para comenzar a aplicar? ¿Cuál es una forma de comenzar a aplicar ese principio esta semana?

4. En el libro, Kingdom Builders, hay un capítulo llamado "¿El ministerio de Qué?" Andrew Denton escribe que su ministerio es financiar el Reino. En sus propias palabras, describa cuál es su ministerio.

5. A lo largo de su libro, Andrew Denton afirma que ser un Kingdom Builder no se trata de dinero; es una enfermedad del corazón. ¿Qué significa esto para usted?

_____

_____

_____

6. Las "Cuatro D de los Denton" representan decisiones diarias, deliberadas y disciplinadas. ¿Qué decisiones diarias ha tomado o necesita tomar en diferentes áreas de su vida? Listarlos a continuación:

ÁREA	DECISIÓN DIARIA
Relación con Dios	
Matrimonio	
Familia	
Salud física	
Salud mental / emocional	
Compañerismo	
Finanzas	
Trabajo	
Desarrollo personal	
Otro	

Notas personales:

Notas personales:

Notas personales:

SESIÓN 3:

LOS SOCIOS

Estableciendo relaciones intencionales

Notas de aprendizaje:

Mientras mira el video didáctico de esta sesión, use el siguiente esquema para registrar cualquier cosa que le llame la atención:

Socio 1: El Espíritu Santo

....

....

....

¿Está orando todos los días para que Dios le guíe en su camino? ¿Está pidiendo una ventaja injusta?
¿Está pidiendo las riquezas de los malvados para sus justos planes?

Socio 2: Su cónyuge (si está casado) o un grupo de oración

Orando juntos todos los días.

30 días, 4 meses, 1 año

Socio 3: La Próxima Generación

Socio 4: Su Pastor y Líderes de la iglesia

Socio 5: una Red

APLICACIÓN:

1. Revise las notas que anotó mientras veía el video didáctico de esta sesión. Comparta la cosa que más le llamó la atención con su grupo.

2. Es importante hacer un balance y completar un Inventario de relaciones. Reflexione sobre los diferentes tipos de asociaciones exploradas en esta sesión: el Espíritu Santo, su cónyuge, un grupo de oración, la próxima generación, su pastor y líderes de la iglesia, y una red. Enumere los nombres específicos de las personas que forman parte de esas alianzas en su vida y, junto a su nombre, escriba el papel que desempeñan en su vida.

3. ¿Existe alguna alianza que deba establecer o fortalecer intencionalmente? ¿Cómo lo hará?

....

....

....

4. ¿Qué papel desempeña en la vida de los demás?

....

....

....

Notas personales:

Notas personales:

SESIÓN 4:

LA PRÁCTICA

Construyendo resiliencia y perseverancia

Notas de aprendizaje:

Mientras mira el video didáctico de esta sesión, use el siguiente esquema para registrar cualquier cosa que le llame la atención:

Viviendo por fe.

....

....

....

No existe tal cosa como un paso en falso.

"El Señor afirma los pasos del que en él se agrada; aunque tropiece, no caerá, porque el Señor lo sostiene con su mano ". Salmo 37: 23-24 NVI

Da un paso sabio (diligencia debida).

"Bajo ataque significa que estoy en el camino correcto".

"El ladrón viene sólo para robar, matar y destruir; Yo he venido para que tengan vida y la tengan en abundancia". Juan 10:10 NVI

"Esté alerta y de mente sobria. Tu enemigo el diablo merodea COMO un león rugiente buscando a quien devorar". 1 Pedro 5: 8 NVI (énfasis agregado)

Póngase toda la armadura de Dios (Efesios 6).

En medio de la incertidumbre, debemos basarnos en ciertas promesas de Dios.

La oportunidad llega a quienes están preparados.

Voy CON TODO por Dios.
Soy un Kingdom Builder.
Creo en la visión de mi iglesia.
Tengo la espalda de mi pastor.

APLICACIÓN:

1. Revise las notas que anotó mientras veía el video didáctico de esta sesión. Comparta la cosa que más le llamó la atención con su grupo.

2. Como Kingdom Builders, estamos llamados a ser fieles, no temerosos. No solo en las finanzas, sino en todos los ámbitos de la vida. Piense en su temporada actual y en el conjunto de circunstancias. ¿Hay algún paso de fe que esté evitando dar? ¿Por qué? Escriba cuáles son esos pasos de fe y qué le preocupa específicamente.

3. Lea su respuesta a la pregunta anterior. ¿Cómo se aplica a esta situación la afirmación "No existe tal cosa como un paso en falso"?

....

....

....

4. Reflexione sobre los tiempos difíciles que ha tenido que atravesar en el pasado. ¿Qué le han enseñado los tiempos de crisis y desafíos?

....

....

....

....

....

5. ¿Lee su Biblia a diario? Si lo hace, escriba el tema principal que está surgiendo actualmente en su tiempo de lectura de la Biblia. ¿Cómo se relaciona con el momento de este estudio? Si no es así, descargue un plan de lectura bíblica de un año de YouVersion y comience hoy mismo.

6. Escriba los nombres de dos personas a las que va a enviar su "versículo del día".

7. ¿Ha escrito sus sueños y metas para el próximo mes, año y cinco años? Si es así, ¿los lee a diario? ¿Son grandes metas audaces o pequeñas metas fáciles de alcanzar? Si no los ha escrito, tómese un tiempo esta semana para reservar tiempo para escribir con oración esos sueños y metas.

Notas personales:

Notas personales:

SOBRE

EL AUTOR

Andrew Denton es un empresario exitoso y Anciano de la Iglesia Hillsong que ha dado la vuelta al mundo compartiendo un mensaje sencillo: inspirar a los pastores y sus congregaciones a vivir la vida en un nivel diferente y financiar el Reino. También ha criado a tres hijos maravillosos y temerosos de Dios junto a su hermosa esposa, Susan. Cuando era niño quería ser un surfista profesional y viajar por el mundo; Dios respondió una de esas oraciones. Cuando Andrew no está en su bicicleta, enviando mensajes de texto con el Daily Verse de Denton a los líderes de todo el planeta o bebiendo un trago largo, puedes encontrarlo disfrutando del tiempo con sus nietos en su casa en Sydney, Australia. Relacional, honesto y directo, el enfoque de Andrew hacia el ministerio y la vida es nada menos que inspirador. Sus discursos han impactado a miles de creyentes en todo el mundo. Es por eso que las verdades que se encuentran en estas páginas te desafiarán a convertirse en un Kingdom Builder y cambiar la forma en que sirves a Dios para siempre.

Kingdom Builders: Cómo ir "con todo" en la vida y convertir la visión en realidad

Vivir una vida de generosidad no está reservado para los ricos. Es el resultado de personas que van "con todo" para dar permiso a Dios y usarlos como un canal de Su bendición y provisión.

Los Kingdom Builders saben que ellos viven por un propósito más grande que ellos mismos —un propósito comprometido en construir Su Reino y convertir la visión de la iglesia en una magnífica global y local realidad.

Compartiendo desde su propio viaje de vivir una vida "con todo", y explicando la inspiradora historia de como empezó Kingdom Builders en la Iglesia Hillsong, Andrew Denton te animará y desafiará a tomar intencionales y sabios pasos de fe que te llevarán a vivir una vida más allá de tus sueños más salvajes.

Consigue tu copia en kingdombuildersbook.com

Consulte otros recursos de Andrew Denton en kingdombuildersbook.com

- El podcast de los Kingdom Builders
- Devocional de YouVersion de 7 días de Kingdom Builders

Notas personales:

Notas personales:

Notas personales:

Notas personales:

Notas personales:

www.ingramcontent.com/pod-product-compliance
Lightning Source LLC
Chambersburg PA
CBHW071122160426
43196CB00013B/2672